MANGON DE LA LANDE

Sa Vie, ses Œuvres

Par EMILE COET

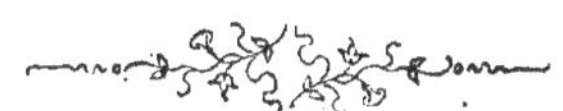

SAINT-QUENTIN

Imprimerie Ch. POETTE, rue Croix-Belle-Porte, 19.

—

1875

MANGON DE LA LANDE

EXTRAIT DU *VERMANDOIS*

MANGON DE LA LANDE

Sa Vie, ses Œuvres

Par EMILE COET

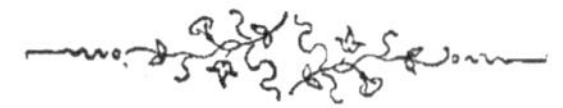

SAINT-QUENTIN

Imprimerie Ch. POETTE, rue Croix-Belle-Porte, 19.

1875

Mangon de la Lande

SA VIE, SES ŒUVRES

Mangon de la Lande, Charles-Florent-Jacques, naquit à Roye, le 1er février 1770. Sa famille était originaire du Cotentin, elle était de noblesse et très-ancienne. Certains de ses membres passèrent en Italie avec les gentilshommes normands, qui conquirent le royaume de Naples et de Sicile ; quelques uns s'y fixèrent, notamment dans la province de Calabre citérienne (à Cosenza).

Les titres de la famille ayant été perdus, par suite des guerres, Michel Mangon fut confirmé noble par une charte du mois d'octobre 1576, il avait pour armes : *d'or au chevron de gueules, accompagné de trois gonds de sable, au chef d'azur, chargé d'une main d'or sortant de nuages de même, assortie de deux étoiles d'or.*

Pierre Mangon, sieur de Longuemare, était fils de Jean Mangon, écuyer, sieur du Houguet, il était conseiller du roi, vicomte et capitaine de Valognes, premier assesseur au siége du bailliage ;

le 18 septembre 1657, il épousa, dans l'église paroissiale de Valognes, Charlotte Leroux.

Pierre Mangon était un érudit et un archéologue, il s'occupait de recherches historiques sur Valognes et sur le Cotentin. Dans un de ses manuscrits, à l'article *Cordeliers*, il avait mis la mention suivante: « En l'année 1702, j'ai acheté une tombe, carreau » d'Yvetot, pour douze livres, et l'ai fait graver par » Antoine Roger, auquel j'ai payé dix-huit livres » pour son travail, quatre livres pour les matières » à remplir les lettres, et cinq livres seize sous » pour la placer. L'inscription est telle, de ma » façon : *D. O. M. S. anno Domini 1702 : Petrus* » *Mangon, scutifer, dominus du Houguet annum* » *œtatis agens faciebat, sibi, conjugi B.-M. et suis,* » *in spem misericordiam (bene merenti)* comme » aux tombeaux romains ; puis mes armes, en » écusson timbré, qui sont celles des Mangon, du » Val de Saire, dont je suis la branche aînée. Au- » dessous de la place nette où l'on mettra le temps » de ma mort est écrit : *hoc monumentum et* » *sedile desuper sequuntur heredes et posteros* » *in perpetuum ex contractu et beneficio...*

Pierre Mangon, après la mort de son père, Jean, prit le nom de *du Houguet*, une de ses propriétés située près de *La Hougue* ; son savoir et son zèle aidèrent puissamment l'intendant Foucault et le père Dunod dans les fouilles faites en 1692, qui révélèrent l'existence d'un cirque et de thermes gallo-romain à Alauna, près Valognes.

Ce savant antiquaire mourut le 16 novembre

1705 et fut enterré dans l'église du couvent des Cordeliers, près des marches de l'autel de la Sainte Vierge, où il avait désigné sa sépulture.

Il laissa plus de trente volumes manuscrits sur divers sujets historiques, il possédait aussi un des plus anciens exemplaires manuscrits de la coutume de Normandie. Ce livre, qui venait de l'abbaye de Montebourg, est passé dans la bibliothèque de Colbert et se trouve aujourd'hui à la bibliothèque nationale; deux autres manuscrits sont à la bibliothèque Sainte-Geneviève de Paris. M. A. Demarsy en a publié un extrait dans la revue nobiliaire. D'autres ouvrages, ayant appartenu à Mangon du Houguet sont dans la bibliothèque publique de Bayeux, et portent sa signature au sous-titre.

Le vicomte de Valognes avait formé aussi une magnifique collection de médailles et de livres rares (1).

Pierre Mangon du Houguet eut de sa femme, qui lui survécut, plusieurs enfants : trois fils et quatre filles. L'aîné de ses fils mourut jeune ; le second entra dans les ordres; le troisième, du nom de Julien, mourut à quarante ans et fut inhumé dans l'église des Cordeliers, près de son père. Il était marié et eut un fils, Louis, né à Valognes, en 1693, qui fut capitaine de cavalerie; il quitta le service et s'établit à *Saint-André d'Echauffour*, généralité d'Alençon; il épousa, en 1730, Charlotte-Angélique de Boscher, et mourut en 1768, le 3 juin. Il est le premier qui

(1) Etudes sur Mangon du Houquet et de la Lande, par M. de Pontaumont.

ait pris et adopté le nom de *Mangon de la Lande*, nom d'une ferme qui existe encore aujourd'hui dans le Val-de-Saire, dont il était propriétaire. Il laissa trois fils : le premier et le second entrèrent dans les ordres; le troisième fut Louis-Jacques Mangon de la Lande, né à Saint-André-d'Echauffour le 1er mai 1738; lequel entra fort jeune au service militaire, il faisait partie des gens d'armes de la garde du Dauphin ; grièvement blessé à la jambe et fait prisonnier à la bataille de Minden en 1759, il fut investi, à titre de récompense et de retraite, de la charge de receveur des domaines du Roi en résidence à Roye et fut reçu au bailliage, le 19 août 1765. C'est dans cette ville, qu'il épousa, en premières noces Florence-Bellot de Rougeville, morte sans enfant, et, en secondes noces, Antoinette Hannique au mois d'avril 1769; il mourut à Roye le 19 février 1794 des suites de sa blessure qui s'était plusieurs fois rouverte.

De son second mariage, il eut un fils et une fille. Son fils Charles-Florent-Jacques Mangon de la Lande avait donc vingt-quatre ans lorsqu'il perdit son père, il fit avec succès ses études au collège d'Harcourt et après avoir terminé son droit il vint se fixer à Roye , où il succéda à son père dans les fonctions de receveur des domaines le 12 février 1791. Le 4 mai de l'année suivante, Mangon de la Lande épousa à Roye Adrienne-Françoise-Charlotte de Bozan de Montberault et de Palaminy, native de la paroisse Sainte-Croix de Béthune, âgée de dix-huit ans.

Mangon de la Lande demeura à Roye jusqu'en 1796, époque à laquelle il fut nommé vérificateur des domaines. Pendant son séjour dans cette ville, il ne se fit remarquer que par son talent poétique ; nous possédons de lui quelques morceaux de poésie légère, les vers en sont faciles et pleins d'une spirituelle finesse. Ce fut plus tard que notre compatriote s'adonna aux études archéologiques, son premier travail publié date de 1820. C'est un mémoire sur les *Caletes* et sur la ville de Villebonne. La plus complète de ses œuvres, les *Essais historiques sur les antiquités de la Haute-Loire*, élaborée de 1820 à 1823 pendant sa résidence au Puy, comme inspecteur des Domaines, est aussi la plus importante.

C'est également pendant l'exercice de ces mêmes fonctions à Saint-Quentin , que Mangon de la Lande se fit remarquer par ses travaux archéologiques.

Son *Mémoire sur les fouilles du camp de Vermand* présenté à la Société académique dont il était le président, eut un tel succès, que la première édition étant épuisée presqu'aussitôt, sa publication fut réimprimée par ordre du Préfet de l'Aisne. Ce travail valut plus tard à son auteur une mention honorable de l'Académie des inscriptions et belles-lettres.

M. Ch. Gomard qui a écrit une brochure sur le *Camp romain de Vermand* (1862) ne parle nulle part des travaux de Mangon de la Lande sur le même sujet ; cependant les bas-reliefs, les frises dont il donne les dessins ont été découverts et décrits par le Président de la Société académique comme provenant des fouilles faites sous ses yeux au *camp des tuilettes*. Mais notre compatriote qui joignait à beaucoup d'esprit une certaine perspicacité, avait prévu la brochure de M. Gomart, car il dit, en parlant des débris trouvés : « leur description conduira peut-être *une plume savante* à des développements historiques » ; le travail de l'auteur Saint Quentinois comporte six pages in-8º de développements historiques. On y voit même le clocher de l'Eglise de Vermand dont le dessin se rapproche beaucoup de celui de l'Eglise Sainte-Marguerite de Saint-Quentin, reproduit dans les *Etudes Saint-Quentinoises*.

Nous revendiquons pour Mangon de la Lande la priorité des études sur les fouilles du camp de Vermand, il en parle *de visu* ; pendant deux ans, de 1826 à 1828, il a dirigé les travaux dans la plaine des Noyers, comme dans le champ des *Tuilettes*, il a exploré le camp et ses alentours dans toutes les parties ; la description qu'il en donne, prouve qu'il a trouvé et vu lui-même les objets qu'il décrit ; comme les déductions historiques qu'il en tire, témoignent de son savoir et de ses connaissances pratiques, à une époque surtout où la science archéologique n'avait pas reçu les développements qu'elle a aujourd'hui.

C'est encore pendant son séjour à Saint-Quentin qu'il présenta à la Société académique une dissertation sur *Samarobriva*, ce travail plein d'aperçus originaux, dans lequel il entreprend de prouver que la ville d'Amiens n'est pas la *Samarobriva* de César et que ce nom appartient à l'antique *Augusta Veromanduorum*, aujourd'hui Saint-Quentin; cette opinion fortement appuyée produisit dans le monde savant une vive émotion. Devant cette contestation inattendue, plusieurs athlètes se jettent dans la lutte pour soutenir les droits d'Amiens; Mangon de la Lande fait face à tous et publie successivement plusieurs mémoires en réponse à ces attaques.

Si l'on ne s'arrête qu'à l'étymologie du mot *Samaro-briva*, en Celtique, pont sur la Somme, cette dénomination s'applique aussi bien à Amiens qu'à Saint-Quentin ; mais c'est sur les textes mêmes des lettres de Cicéron et des commentaires de César que Mangon de la Lande appuie son opinion. C'est la position topographique qu'il cherche à déterminer, et il le fait avec une connaissance exacte, approfondie des lieux où se sont passés les différents épisodes de la guerre des Gaules.

Le savant Rigollot, au nom de l'académie d'Amiens, réfute les assertions de Mangon de la Lande ; on ne trouve nulle part dans les anciens auteurs le nom de *Samarobriva* donné à Saint-Quentin ; l'itinéraire d'Antonin le place, au contraire, à Amiens ; des chroniques des VIIIe et IXe siècle dirent même : *Samarobriva, Ambianorum Civitas,* — les antiquaires les plus estimés : Samson, de Thou, l'abbé de Fontane, l'abbé Bellay, Danville, ont tous partagé cette opinion.

Mangon de la Lande non - seulement répond à Rigollot, mais il adresse encore un mémoire à la Société académique de Douai, en réponse au rapport que M. Bruneau avait été chargé de faire sur cette question. Nous ne suivrons pas l'auteur dans cette réfutation nouvelle, dont les preuves paraissent faiblir devant la didactique serrée du savant amiénois Rigollot, qui, à son tour, oppose de nouveaux arguments à De la Lande : c'est une lutte héroïque dans laquelle paraît l'érudition, la science éclairée de chacun des champions. Jamais question plus ardue ne donna lieu à des débats aussi intéressants, aussi nourris d'arguments. Enfin en 1829, paraît une quatrième dissertation sur *Samarobriva* due à la plume de notre compatriote. La Société de géographie appelée à se prononcer sur la question, par l'organe de son rapporteur Bottin, donna gain de cause à l'opinion émise par Mangon de la Lande.

Cependant la question est aujourd'hui résolue en faveur d'Amiens; aussi M. Berlemont, dans son intéressante histoire de l'émancipation communale à Saint-Quentin, dit : « la ville principale, *l'oppidum*, le chef-lieu du Vermandois, portait alors un nom gaulois qui n'est pas parvenu jusqu'à nous. » C'est donc un fait acquis à l'histoire, *Samarobriva* n'est pas la ville de Saint-Quentin, mais Amiens.

Mangon de la Lande n'était pas seulement un antiquaire distingué, mais il possédait encore un certain talent poétique ; nous citerons une intéressante élégie sur le *Paast* ou banquet des Echevins de Saint-Quentin qu'il composa pendant son séjour dans cette ville.

Le Châtelain ou fermier des droits du roi, à cause de la vicomté, était seul tenu et obligé de donner le *Paast* aux Echevins, comme étant une charge de la ferme. Les magistrats représentant la ville avaient été confirmés dans ce droit par des lettres expresses du roi Philippe-le-Bel. L'historique du repas a été extrait des mémoires de la ville ; tous les termes, comme la nomenclature des mets, des obligations et des usages ont été conservés dans ces vers, publiés récemment par le *Vermandois*.

Nommé directeur des domaines le 18 août 1832, Mangon de la Lande quitta Saint-Quentin pour Guéret, et avec le même titre passa à Poitiers par avancement de classe, au mois de décembre l'année suivante. Il fut bientôt admis membre titulaire de la Société d'agriculture, Belles-Lettres, Sciences et Arts de cette ville ; dans la séance publique du 17 juin il lut une pièce de vers intitulée : Le *Paysan d'Anatolie*. Plusieurs autres morceaux de poësie et de nombreux rapports insérés ou mentionnés dans les bulletins de cette Société sont autant de témoins de la part active qu'il prit à ses travaux, jusqu'au moment où il quitta Poitiers. Il avait créé dans cette ville une Société d'archéologie sous le titre de : *Société des antiquaires de l'Ouest,* il en fut le président et donna un tel essor aux travaux archéologiques de cette réunion, qu'elle compta bientôt parmi les

Sociétés savantes les plus recommandables par leurs études historiques.

Mangon de la Lande par son savoir et par sa science étendue avait attiré sur lui l'attention du Gouvernement qui le nomma inspecteur des monuments historiques pour le département de la Manche, et le 8 mars 1839, chevalier de la Légion d'honneur. Admis à la retraite l'année suivante, il se retira à Avranches près du plus jeune de ses fils, (Alphonse) ; il trouva dans cette ville une Société d'archéologie dont il fut bientôt le président ; il prit une part active à ses travaux, tout en continuant à adresser à ses collègues de Poitiers de nombreuses communications. Il rédigea pour la Société des antiquaires de France : un *Essai analytique et statistique sur les monuments gaulois du département de la Vienne.* (1)

Le climat brumeux d'Avranches ébranla profondément une santé que les longs travaux de l'Administration, que des études continuelles, que l'âge même avait à peine altérée ; Mangon de la Lande se détermina trop tard à aller résider à Paris près de son fils aîné, Amédée, chef d'escadron d'état-major, officier de la Légion d'honneur. Les deux années qu'il passa dans la capitale ne furent pour lui qu'une longue souffrance supportée avec tout le courage de l'homme de bien. Sa maladie ne put cependant l'empêcher de se livrer à ses études favorites. Et le 24 mai 1847, il

(1) Notice sur Mangon de la Lande, par M. Lecointre‖Duport.

mettait la dernière main à un de ses travaux les plus importants , *Recherches sur l'empereur Julien.* Cette étude historique est restée manuscrite, la bibliothèque de Roye en possède uue copie due à l'obligeance de M. Mangon de la Lande, aujourd'hui général de brigade.

C'est encore pendant son séjour à Paris qu'il adressa à la Société de Poitiers, une *Notice sur une Tessère en ivoire,* publiée après sa mort.

Le 10 juin 1847, Mangon de la Lande expirait sans agonie, avec la pleine jouissance de ses facultés intellectuelles.

Il laissa encore parmi ses manuscrits une *Chronique rimée sur le Mont-Saint-Michel* qui est une étude historique et archéologique sur les antiquités de l'Eglise et de l'abbaye. C'est pendant son séjour à Avranches (1840 à 1845) qu'il avait recueilli les documents nécessaires pour composer cette pièce de vers restée inachevée. Cette notice qui résume l'histoire du Mont-Saint-Michel renferme des épisodes fort intéressants, nous citerons celui-ci :

Au comté de Mortain, dans un humble castel,
  Vivait Guillemette Avenel ,
  Belle, innocente et douce fille ;
  C'était d'une noble famille
  Le plus plus précieux rejeton.
Un jeune chevalier (Robert était son nom)
  Avait le cœur de Guillemette
  Et Guillemette avait le sien ;
  Elle était son unique bien...
Mais un vrai chevalier, quand la guerre s'apprête,

Doit tout quitter pour son pays,
Et si l'amour règne en son âme,
Electrisé par cette noble flamme
Il n'est que plus vaillant contre ses ennemis.
A l'appel de d'Estouteville
Robert (c'était un Robert de Beauvoir
De sa maison le plus brillant espoir),
Robert avait juré, la main sur l'évangile,
D'aller au mont s'enfermer dans la ville,
D'y vaincre ou de s'y engloutir,
Plutôt que la voir envahir.
Quels doux adieux il fait à Guillemette,
Lui promettant de revenir vainqueur,
Pour célébrer la double fête
Et de l'hymen et du bonheur !
Il part... il était temps, car, la mer retirée,
Quelques instants plus tard, la ville était cernée.,.
Deux jours après, sur les remparts,
La lance au poing, le casque en tête,
Un des premiers, il courait les hasards
Du terrible assaut qui s'apprête.
Quand se présente un messager
Qui la nuit, non sans peine, a gagné le rocher :
C'était de Guillemette, un serviteur fidèle
Apportant, en secret, la fatale nouvelle
Que de son sort on avait décidé,
Que son père à Burdett venait de l'accorder,
Qu'à ce chef des Anglais, la promesse en est faite,
Et que l'arrêt devait s'accomplir sans tarder.
» Tu ne le sais que trop, ajoutait la pauvrette,
» Mon père est absolu quand il a dit : *je veux* ;
» Mais, aussi, tu connais mes vœux :
» De mon cœur, de ma main, je ne suis plus maîtresse,
» A toi seul j'ai donné ma foi
» Je ne serai jamais qu'à toi,
» Et que plutôt mon existence cesse,

» S'il devait en être autrement !

» Vas, s'il me faut quitter la vie,

» Sois assuré que ton amie

» Saura mourir, digne de son amant !...

Robert saisi de douleur et de rage

Tremble que le prochain message,

Le frappe du dernier malheur...

Il arrive, en effet.... et lui brise le cœur !...

Pour cet affreux hymen, par le père entraînée

Dans l'oratoire du castel,

D'horreur, de désespoir, Guillemette accablée

S'affaissant au pied de l'autel

Expirante, s'est écriée :

» Adieu ! Robert, pour toi je meurs...

» Toi, tu vivras pour la patrie !...

» En attendant que nos deux cœurs

» Se rejoignent un jour dans l'éternelle vie,

» Pense toujours à ta fidèle amie !... »

Coup affreux pour Robert, il eût voulu mourir,

Mais il avait un rival à punir.

Il lui mande aussitôt qu'après son lâche outrage

Indigne d'un vrai chevalier,

Il le provoque en combat singulier ;

Pour cet effet, à son message,

Il joint son gantelet pour gage,

Et lui fixe pour rendez-vous,

Au premier choc des deux partis, la plage

Au pied du Mont : c'est là qu'aux yeux de tous

Ilveut assouvir sa vengeance.

Comme on l'a vu, les guerriers de la France

Des Anglais trompant l'espérance,

Avaient repoussé leurs assauts ;

C'est en vain que les deux rivaux

S'étaient cherchés dans la mêlée ;

Chez l'ennemi déjà, la retraite est sonnée.

Et, dans la brume, on voit fuir ses drapeaux.

Quand Robert, au milieu d'un groupe qui s'avance,
A reconnu *Burdett* qu'on a fait prisonnier...
Il accourt, lui fait rendre et glaive et bouclier
De nouveau l'appelant au combat à outrance,
   Combat à mort, sans trève ni quartier.
Si l'attaque est terrible, habile est la défense,
   Et le succès est longtemps balancé ;
   Exaspéré de tant de résistance
Par un suprême effort, Robert enfin s'élance ;
Sous ce choc furieux, Burdett s'est affaissé
Et du glaive vengeur, il tombe transpercé !...
Robert se croit alors quitte envers la patrie
   Après avoir, pour elle, dans ce jour,
     Tant de fois exposé sa vie ;
     Mais non quitte envers son amie,
   Car le soir même, en désespoir d'amour,
     Il se fit moine à l'abbaye...

Etant encore à Avranches, Mangon de la Lande, comme inspecteur des monuments historiques, adressa au Ministre un rapport sur deux canons pris sur l'armée anglaise, lors du siège de 1423, que le Conseil municipal avait fait maintenir sur le théâtre de leur gloire, alors qu'on voulait les faire transporter dans les froides salles d'un musée.

   « Bravant à la fois, les années
Et l'effet corrosif de ces humides lieux
Ils semblent destinés, ces glorieux trophées,
   A rappeler aux arrière-neveux
     Les prouesses de leurs aïeux. (1)

---

(1) Nous devons une copie de cette pièce de poésie, à l'obligeance du général Amédé Mangon de la Lande, fils de l'auteur.

Mangon de la Lande mourut sur le champ de la science avec une des plus grandes consolations qui puissent nous sourire à l'heure dernière ; des hauteurs de sa vieillesse, il pouvait, en partant, jeter un regard sur la vallée de son existence et la voir semée de fleurs, de fruits et de moissons. Puisque la vie n'est qu'un jour, on peut dire d'elle ce qu'on a dit de la journée : la conscience d'un jour bien rempli est le meilleur oreiller pour le sommeil (1).

Les Sociétés savantes auxquelles il appartenait ont publié sa biographie et signalé ses travaux. Sa physionomie révélait son esprit, son sourire fin et doux était l'expression de la pensée spirituelle, tempérée de bienveillance, d'honnêteté et de sympathie qui forme le fond de ses vers, qu'il disait avec une bonhomie mêlée d'atticisme. Comme poëte , *c'était du Voltaire mêlé de Lafontaine*. Partout et toujours Mangon de la Lande avait su se faire aimer, estimer, respecter de tous, il emporta d'unanimes regrets.

Son nom a pris rang parmi les antiquaires les plus distingués et dans la dernière réunion (avril 1874), des délégués des Sociétés savantes à la Sorbonne, le secrétaire de la section d'archéologie, M. Chabouillet citait Mangon de la Lande comme un savant des plus érudits, à l'occasion de la médaille d'or décernée à la Société des antiquaires de l'Ouest qu'il avait fondée et qu'il présida longtemps.

(1) Etude scientifique sur Mangon de la Lande, lue à la Société d'Avranches.

C'est là un témoignage éclatant rendu à la mémoire de notre vénéré compatriote, et que nous avons été heureux de rencontrer dans la bouche de l'éminent rapporteur.

Nous avons dit que Mangon de la Lande avait épousé la fille du baron François-Honoré Bazon de Montbérault lieutenant - colonel d'artillerie et chevalier de Saint - Louis ; cette compagne dévouée qui lui a survécu, est morte à Paris le 1er mai 1862, laissant de son mariage deux garçons :

1o Mangon de la Lande Amédé-Charles-Louis, né à Roye, le 2 juillet 1793, engagé volontaire au 20e régiment de dragons le 12 janvier 1811, après avoir terminé ses études au Lycée de Doùai, alors qu'il était destiné à l'école polytechnique, il parcourut tous les grades. Après avoir fait les campagnes d'Espagne, d'Allemagne et de France il fut nommé général de brigade le 7 mars 1853, et passa au cadre de réserve le 4 juillet 1855. Retiré à Paris, il avait été rappelé à l'activité, lors de la dernière guerre, à l'âge de 78 ans, pour commander la subdivision du Pas-de-Calais. Il fut promu successivement dans l'ordre de la Légion d'honneur jusqu'au grade de commandeur (le 10 décembre 1851), étant chef d'état-major général de l'armée de Paris et de la 1re division militaire. Il avait épousé, le 4 mai 1825, à Caen, Henriette-Hermine-Sophie Legrip, fille d'un conseiller de préfecture du Calvados, chevalier de la Légion d'honneur; elle est décédée à Paris, le 17 juin 1873.

De ce mariage naquirent deux fils, *Charles* et *Jules*
dont nous parlerons plus loin ;

2° Mangon de la Lande (Alphonse), frère puîné
du général, naquit à Roye le 24 décembre 1795, il
embrassa aussi la carrière militaire, comme garde
d'honneur, il fit la campagne d'Allemagne (1813)
puis passa comme sous-lieutenant dans le 15e régiment de dragons. Il entra ensuite dans la com-
pagnie des gardes du corps de *Monsieur*, frère du
roi, le 24 septembre 1824 ; puis quatre années
plus tard, se retira du service ; fut maire du Mont-
Saint-Michel, commandant de la garde nationale
d'Avranches et se retira à Vernon (Eure).

Mangon de la Lande *Charles*, fils aîné du général,
né à Caen le 1er mars 1826, attaché à l'Administration centrale de la guerre, chevalier de la
Légion d'honneur ; marié et veuf, il a eu trois fils.

Mangon de la Lande *Jules*, second fils du général,
né le 30 juin 1830 à Caen, entra à l'école militaire de
Saint-Cyr; admis à l'école d'application d'état-major,
le 1er janvier 1852, il était promu capitaine d'état-
major le 14 janvier 1856, il fut créé chevalier de
la Légion d'honneur le 11 août 1867, et fit plusieurs campagnes en Afrique. Lors de la dernière
guerre, il faisait partie de l'armée en qualité de
capitaine attaché à l'état-major de la 2e division
de cavalerie de réserve (cuirassiers).

Après avoir pris part à différents combats,
notamment à la bataille de *Reischoffen*, il fut tué
au village de Floing, le 1er septembre 1870, voici
dans quelles circonstances :

Vers quatre heures du soir, l'armée française était en pleine déroute ; les soldats de tous les corps se précipitaient, dans le plus grand désordre, vers les portes de Sedan, pour trouver, dans cette place, un abri contre le feu de l'ennemi qui les décimait.

A ce moment, le capitaine de la Lande et plusieurs autres officiers de divers corps, s'étaient joints au deuxième escadron du premier régiment de cuirassiers, qui se dirigeait, en bon ordre, vers la ville, sous le commandement du chef d'escadron d'Alincourt.

Arrivé près d'une des portes où la foule des fuyards encombrait le passage, le commandant d'Alincourt se retourna vers sa petite troupe composée d'une centaine de cavaliers, et leur demanda si, au lieu de se résigner à la triste extrémité d'être faits prisonniers, ils ne préféraient pas essayer de s'ouvrir un passage à travers les lignes prussiennes. Cette proposition fut accueillie sans la moindre hésitation par tous, officiers et soldats, par le capitaine de la Lande comme par les autres ; alors on fit face à l'ennemi, et on se précipita au galop sur la route de Mézières.

Deux kilomètres furent franchis en sabrant l'infanterie ennemie ; mais arrivé à cette distance, au village de Floing que la route traverse, l'escadron fut accueilli par un feu terrible partant de toutes les maisons, de toutes les haies, et, au bout d'un kilomètre, il ne restait plus ni un homme ni un cheval debout.

Le cheval du capitaine de la Lande fut frappé et tomba l'un des premiers ; lui, parvint à se dégager, et ceux qui le suivaient encore, le virent se défendant le révolver au poing, au milieu d'un tas d'hommes et de chevaux tués ou blessés. Un kilomètre au-delà, tout était anéanti, et les blessés, qui se trouvaient en état de marcher, furent ramenés en arrière vers Sedan. C'est alors que deux officiers aperçurent un officier d'état-major gisant au milieu de la route, reconnurent le capitaine de la Lande, qui était tombé percé de plusieurs balles. »

Il était marié, mais n'a pas laissé de postérité.

La famille Mangon de la Lande compte plus d'une illustration, et la ville de Roye est fière d'avoir donné le jour à quelques-uns de ses membres.